POUR TOMMY

Ouvrages d'Hélios Azoulay

Scandales ! Scandales ! Scandales !, J.-C. Lattès, 2008.
Tout est musique, La Librairie Vuibert, 2012.
L'enfer a aussi son orchestre, avec Pierre-Emmanuel Dauzat, La Librairie Vuibert, 2015.
Moi aussi j'ai vécu, Flammarion, 2020.
Juste avant d'éteindre, Éditions du Rocher, 2021.

POUR TOMMY

22 JANVIER 1944

DESSINS
Bedřich Fritta
TEXTE
Hélios Azoulay

éditions du
ROCHER

Titre original :
Tomíčkovi
K JEHO 3.NAROZENINÁM
V TEREZÍNĚ – 22.I.1944!

First published in Netherlands by Uitgeverij Omniboek (Den Haag)

Éditions du Rocher
28 rue Comte-Félix-Gastaldi – BP 521 – 98015 Monaco

www.editionsdurocher.fr

ISBN : 978-2-268-10799-8
EAN : 9782268108629

Ils ne reviendront plus jamais, les enfants que l'on a assassinés de tout temps et partout dans le monde. Les enfants d'hier, d'aujourd'hui, ceux de demain. On les oublie, parce qu'il faut les oublier, ils sont indésirables, ils menacent la crédibilité de nos actes, de nos nobles sentiments. Ils nous rappellent trop l'inconcevable, l'inimaginable.

Je suis un de ceux qui sont restés en vie. La tragédie de mon existence est la tragédie d'un fossile auquel, avec le temps, plus personne ne croit quand il raconte ces choses qui mettent mal à l'aise, qui font peur, qui incommodent, et donnent mauvaise conscience.

Je vis, j'ai reçu cette chance, mais où sont mes parents ? Je ne peux ni les voir, ni les aimer, ni les haïr, les maudire, les cajoler, manger avec eux, leur parler, me disputer avec eux. Ils ont été condamnés à partir là-bas, où aucun souvenir n'existe. Seuls les rêves sont là, les rêves, où je peux les rencontrer. Ils viennent avec différents visages que je m'invente, que je choisis. L'unique chose qu'il me reste, qui m'appartient, qui n'a été faite que pour moi, est mon livre, un livre de mon père. C'est là que je le ressens, ses larmes, son espoir, sa peur.

Tomáš Fritta-Haas

POUR TOMMY !

TOMÍČKOVI!

POUR TOMMY

POUR SON 3e ANNIVERSAIRE

À TEREZÍN – 22.I.1944 !

TOMMY FRITTA
AAL/710
Tomíčkovi
K JEHO 3. NAROZENINÁM
V TEREZÍNĚ – 22. I. 1944 !

TOMMY DORT !

TOMMY HAJÁ !

PIPIII...

PIPEPÉÉ....

MOI GENTIL

S'IL TE PLAÎT, S'IL TE PLAÎT, PAS TAPER

HODNÉÉJ-
BAKÍ-BAKI-NÉÉ

TOMMY MIAM MIAM !

TOMMY PAPÚÚÚÚ !

TOMMY VEUT ENCORE !

PAS ASSEZ !

TOMMY ENE!
MÁLO!

QUEL COMÉDIEN !

KOMEDIANTE !

TOMMY FAIT PIPI !

TOMMY LULU TÁM!

TOMMY PEINT

TOMMY MALUJE

TATA !! AJTÁÁÁ !!

DUDLE !! AJTÁÁÁ !!

LE GRAND TOMMY LE PETIT

VELKÝ TOMMY MALÝ

LA NEIGE !

NÍCH!

SOUPE – THÉ – CAFÉ
CHAUUUD !

POJÍKA - TÁJ - KAFE
HÓÓÓKÝ !

TOMMY BALAYE !

TOMMY UMETÁ !

TOMMY BOBOOO !

TOMMY BEBÉÉÉ !

À TABLE !!

U T O L Ú !!

MARMELACACACACA

MAMELAKAKAKAKA

QUEL CLOWN !

ŠAŠKU!

UN COLIS, UN COLIS !!

TOMMY FRITTA
AAL/710
BV/228a II
BALÍK - BALÍK !!

TOMMY
VEUT AUSSI !

TOMMY
TAKY!

TOMMY PRIE

TOMMY MODLÍ

PAPA, MAMAN GRONDENT !

TÁTA-MÁMA
HUBEJE!

TONTON

ONKI

BOULETTES PUDDING

POMMES DE TERRE ET VIANDE

EAU CRÈME

KEDLÍKEK

PUDINK

BAMBUNKY MAKO

ODA

KÉM

UNE VACHE – MEUH CUICUI
OUAF OUAF BÊÊÊ !

KRÁVÍKA — MÚ

PÍP

HAF HAF

BÉÉÉ!

TASSE ŒIL

LUNETTES CUILLÈRE

ASSIETTE

HYNEKEK
OKO
BÝLE
ÍKA
TAJÍK

VOITURE – TUT TUT

AUTO-TUTÚ

BLANC BLEU
ROUGE VERT
LUMIÈRE

EKO

MA PAPA

MAMAN BEDUDU !

MOJE MAMINKA TÁTA BEDUDU !

LA LUNE DORT, SOUS SA COUVERTURE

MEMÍKEK HAJÁ - DEKOU - POLKAT

LE SOLEIL

FAIT AH

SLUNÍČKO
DELA A-A

BIM, BIM, BIM

NOTRE TRAIN ARRIVE...

BIM, BIM, BIM
NÁŠ VLAK JEDE...

ON PART OÙ EN VOYAGE ?
OÙ IL FAIT FROID ? OÙ IL FAIT CHAUD ?

JDEM NA CESTY —
KDE JE ÍMA NEBO HOKÓ ?

OU ICI OU LÀ ?

NEBO SEM — ČI TAM?

OU ALORS VEUX-TU VOYAGER AINSI ?

NEBO CHCEŠ CESTOVAT TAK?

OU PLUTÔT EN AVION ?

NEBO RADŠÍ LETADLEM?

OU « SEULEMENT » À MĚCHENICE ?

NEBO „JEN" DO MĚCHENIC?

NOUS SOMMES CURIEUX DE CONNAÎTRE
TA FIANCÉE !

JSME ZVĚDAVÍ NA

TVOU NEVĚSTU!

CE N'EST PAS UN CONTE DE FÉES,
C'EST LA VÉRITÉ !

TO NENÍ POHÁDKA – TO JE PRAVDA!

ET ÇA NON PLUS CE N’EST PAS
UN CONTE DE FÉES !

I TO NENÍ — POHÁDRA!

ET SI ON PARTAIT N'IMPORTE OÙ
– N'IMPORTE OÙ DANS LE MONDE –

A AŽ NĚKAM PŘÍJDEM

– NĚKAM NA SVĚTĚ –

ET PUIS JE T'ACHÈTERAI AUSSI DE LA MUSIQUE

TAK MUJIKU TI TAKÉ KOUPÍM

AH ! ET QU'AIMERAIS-TU DEVENIR ?
INGÉNIEUR ?

A — ČÍM BYS CHTĚL
BÝT ?
INŽENÝREM ?

OU UN CÉLÈBRE DÉTECTIVE ?

NEB VELKÝM DETEKTIVEM?

OU UN BOXEUR ?

NEBO BOXEREM?

OU UN PEINTRE ?

ANEB MALÍŘEM?

MAIS JE T'EN PRIE,
SURTOUT PAS HOMME D'AFFAIRES !

PROSÍM TEBE, JEN
BURSA
NE KŠEFTSMANEM!

ET PAS GÉNÉRAL NON PLUS !

A TAKÉ NE GENERÁLEM!

C'EST TOUT !

JE TE SOUHAITE TOUT CELA

ET PLEIN DE CHOSES ENCORE

POUR TON PROCHAIN ANNIVERSAIRE.

BEDUDU

TO VŠE

A JEŠTĚ JEDNOU TOLIK TI PŘEJE
NA PŘÍŠTÍ SVÁTEČEK — BEDUDU

ET POUR L'ANNÉE 1944,
JE TE SOUHAITE UNE BONNE SANTÉ !
TON BEDUDU

A PŘEJI TI PRO 1944
MALIN
ŠTÁVA
KALIF.
OVOCE
ATD!
ZDRAVÍČKO,
TVŮJ

CE LIVRE EST LE PREMIER
D'UNE LONGUE SÉRIE DE LIVRES
QUE JE VEUX ENCORE
PEINDRE POUR TOI !

TATO KNIHA JEST

PRVNÍ

V DLOUHÉ ŘADĚ KNIH,

KTERÉ MÁM V ÚMYSLU

TI NAMALOVAT!

Dans le creux d’aimer

bénédiction

il faut relire

les pères

Terezín

Sur la carte d'Europe, l'Ohře est une petite veine bleu clair qui tremble depuis la Bavière pour effleurer *in extremis* les murailles de Terezín en République tchèque.
C'est plat ici. Une demi-heure de marche en suivant son cours et la rivière se laisse gentiment siroter par l'Elbe qui s'achève tout en haut, en mer du Nord. C'est étrange, la mer avale tous les fleuves et reste imbuvable.

Terezín, c'est pour offrir. En hommage à la monumentale Marie-Thérèse d'Autriche, son fils Joseph II, empereur du Saint-Empire romain germanique, pose son doigt un peu au-dessus de Prague, à soixante kilomètres au nord, et ordonne d'y faire ériger une citadelle. Des gros murs infranchissables, des fortifications, une cité close par une enceinte bastionnée, des grands bâtiments carrés, une place au centre. Une ville de garnison.
La première pierre est posée le 10 octobre 1780. Et si à peine cinquante jours plus tard, les gros yeux de Marie-Thérèse se ferment pour toujours,

comment oublier son art abject de la nuance abjecte : *Je déteste les protestants mais je hais les juifs !*

*

Les travaux durent dix ans. Dans une ville pour la soldatesque, l'ornement est un crime. Terezín n'est qu'angles droits et pointes. Seule la rivière qui sépare la Grande Forteresse à l'ouest de la Petite Forteresse à l'est, se permet une courbe. Vu du ciel, on dirait un affreux shuriken planté dans le vert de la campagne.

À l'exception de Gavrilo Princip, l'assassin de l'archiduc François-Ferdinand qui meurt ici quelques mois avant la fin de sa guerre, Terezín n'a jamais été importunée par l'Histoire. Aucune bataille n'est parvenue jusqu'à elle.
Avant que les nazis ne lorgnent sur ses murs en brique, cette ville semblait posséder toutes les qualités requises pour l'oubli.

Theresienstadt

Le 15 mars 1939, le soleil vient d'ouvrir l'œil, un communiqué allemand fait savoir que « pour assurer le maintien de la paix et l'ordre en Europe centrale, monsieur Hácha, président de la République tchécoslovaque, met avec confiance le sort du peuple du pays tchèque entre les mains du Führer du Reich allemand ». À dix heures du matin, la *Wehrmacht* fait son entrée dans Prague.
Cette trahison des accords de Munich signés six mois plus tôt avec Hitler indigne la France et l'Angleterre qui ripostent violemment. Par des discours.

*

L'armée d'occupation ou la transfiguration des ploucs. Le moindre troufion est chez lui et s'affale sur un fauteuil qui ne lui appartenait pas hier encore. Et ça parle fort, allemand, cette langue naturellement douée pour le labyrinthe et la bureaucratie. C'est elle qui envahit tout. Le *Führer* crée le *Protektorat Böhmen und Mähren* en maintenant son *Präsident* fantoche sous la coupe d'un *Reichsprotektor* bientôt jugé trop mou, bientôt relégué par le *Stellvertretender Reichsprotektor* bien

plus efficace, épaulé d'un *Höhere SS und Polizeiführer*, pur assassin. Et les juifs sont étouffés. On crée la *Zentralstelle für jüdische Auswanderung in Böhmen und Mähren*, on crée le *Judenrat*, tragiquement soumis à l'autorité du *Reichssicherheitshauptamt*, créé par le *Reichsführer-SS* lui-même, fusion, et tant pis si je me trompe, de la *Sicherheitspolizei* (Sipo) et du *Sicherheitsdienst* (SD), composé de la *Geheime Staatspolizei* (Gestapo) et la *Kriminalpolizei* (Kripo). Et on crée l'*Ältestenrat*, et une ordure du nom de Eichmann est nommée *Judenreferat* de la section IV B 4 du RSHA. Et Terezín est devenu *Theresienstadt*.
Et Franz Kafka a bien fait de mourir avant tout ça, et Alfons Mucha se fait interroger par la Gestapo.

L'ombre avale les juifs. Interdiction de se rendre au théâtre, interdiction d'aller au cinéma, interdiction d'aller au concert, ni même à une manifestation sportive. Et interdiction de posséder une radio, interdiction de posséder un appareil photo, interdiction de posséder un phonographe, interdiction de posséder une machine à écrire, interdiction de posséder un instrument de musique, interdiction d'utiliser un téléphone. Et interdiction de porter une fourrure. Et interdiction de posséder une paire de skis. Et pas de journal. Et pas de fruits et pas de sucre. Et pas de cigarettes. Interdiction de posséder un chien ou un chat. Et pas le droit de se promener dans un parc. Et on ne dit pas *bonjour* à un aryen. Même si c'est votre ami. Et si c'est votre ami, il a tout intérêt à ne pas vous dire *bonjour*. Couvre-feu à 8 heures du soir. Les juifs avalent de l'ombre.

*

Ça dénonce à Prague, c'est le triomphe des concierges.

Et dehors, l'étoile jaune. Et chez toi aussi, puisqu'elle est cousue sur toutes les vestes, toutes les chemises, toutes les robes. Même chez toi on te désigne. Même ton miroir te dénonce.

*

Le 27 septembre 1941, Hitler nomme Reinhard Heydrich à la tête du *Protektorat*. Il faut regarder sa gueule de salaud tiré à quatre épingles. Tout est tellement droit, du coup de dague qui lui sert de nez au diktat de sa raie sur le côté, tout est tellement droit que c'est autre chose qu'un visage. Carriériste surexcité, le nouveau patron annonce deux jours plus tard que le sort des juifs sera réglé en huit semaines. Et les salauds tiennent toujours leurs promesses.

Chaque bruit court comme un cafard affolé de lumière. Un seul mot suffit à vider une synagogue. *Transport!*

Le 24 novembre 1941, une première équipe de construction, l'*Aufbaukommando* (AK1), est chargée d'aménager le camp de Theresienstadt. 342 juifs. Parmi eux, Bedřich Fritta. On est lundi. Il croyait, ils avaient dit, qu'il rentrerait chez lui à la fin de la semaine. Mais les salauds ne tiennent jamais leurs promesses.

Parce que dans un coin, dans un recoin, tout en bas à droite, à l'abri de l'Histoire, le plus à l'abri possible, dans le seul creux qu'il reste pour s'aimer, Johanna donne un fils à Bedřich. Tomáš est né le 22 janvier 1941.

Transport !

TocTocToc.
TocTocTocTocToc.
C'est chez toi !
C'est toujours la nuit que ça se passe. On te donne le papier, c'est un juif qui te donne le papier, *Transport !* Et la vie s'arrête, et tu retournes à la chemise que tu étais en train de plier parce qu'il y a quelque chose qui continue, malgré toi.
Tu as une semaine pour faire tes bagages. Tu as droit à cinquante kilos. Tu pèses le linge, tu pèses la vaisselle, tu pèses le pain, tu peux essayer de rajouter un livre. Tu as une semaine pour tout abandonner.

*

Johanna, la femme de Bedřich, est déportée en février 1942. Il faut écrire un numéro sur la valise, en très gros, c'est obligatoire. AAL 709. Tommy, c'est 710.

369

438
785

Les peintres

Aucun contact entre homme et femme. À leur arrivée au Ghetto, Johanna et Tommy auraient dû être séparés de Bedřich, mais le poste qu'il occupe leur épargne un déchirement de plus. Fritta est directeur du Bureau de dessin du Département technique. À ce titre, il est autorisé à vivre en famille dans la Magdeburger Kaserne. C'est tout petit, mais rien que pour eux. Et c'est toujours mieux que de crever de crasse dans les greniers et les caves où s'entassent les autres.

C'est aussi dans ce bâtiment que se trouve l'atelier qu'il dirige où une vingtaine de dessinateurs fournissent à tour de bras des plans, des graphiques, des tableaux pour illustrer les statistiques de rapports qu'exigent les hystériques de la *Lagerkommandantur* toutes les semaines. Et à chaque aménagement du camp, une pléthore de croquis. Pour n'importe quoi, un nouveau réseau d'égouts, le forage d'un puits…

Il y a Petr Kien, son adjoint, bouleversant poète également. Et Otto Ungar, discret sublime. Et Lev Heilbrunn. Et les Viennois Ferdinand Bloch, et Oswald Pöck qui fabriqua un jeu de Monopoly du Ghetto, avec les cases CHANCE et ALLEZ EN PRISON, tout. Et Petr Löwenstein. Et František Lustig, extravagant génial. Et le caricaturiste hollandais Jo Spier. Et des architectes, Norbert Troller, et Adolf Aussenberg, et Albin Glaser.
Et Leo Haas, dessinateur incroyablement talentueux qui intègre le groupe le 17 novembre 1942 et devient rapidement le meilleur ami de Fritta qu'il admire.
Tous ces artistes authentiques sont condamnés à produire à la chaîne de délicates petites illustrations. Pour la propagande, pour dire qu'il fait bon vivre à Theresienstadt. C'est le projet nazi, ils les tueront tous mais il y aura de belles aquarelles.

*

De temps en temps, un officier leur tend une photo, *Si vous pouviez faire mon portrait !*

Le génie

Son vrai nom est Fritz Taussig. C'est en assemblant les quatre premières lettres de son prénom et les deux premières de son nom qu'il s'invente le pseudo de Fritta. Il est né le 19 septembre 1906 dans un petit village à cinquante kilomètres au sud-ouest de Prague, Višňová.

Après s'être formé à Paris dans sa jeunesse, il retrouve Prague dans les années trente. Vite repéré par son talent aigu, son art nerveux et brûlant, il dessine pour le *Prager Tagblatt* ainsi que pour le seul magazine antifasciste allemand fondé en exil, le *Simplicus* (puis *Der Simpl*) qu'il enrichit de grinçantes fantaisies tristement prophétiques. Et qui lui coûteront cher.
Parce que Fritta est caricaturiste. C'est son métier. Mais la vérité, c'est que l'époque est caricature. Fritta n'est qu'un réaliste, un hyperréaliste, il a un truc à l'œil, une douleur intolérable, la lucidité.
Parce que Bedřich Fritta est un génie.

Les noyés

Ça enfle sans cesse à Theresienstadt.
Quand l'ancienne municipalité avait été dissoute, que ses citoyens avaient été priés de vider définitivement les lieux, le 30 juin 1942, la ville ne comptait que 3 498 habitants.
Maintenant, c'est plus de 50 000 juifs qu'on empile dans tous les endroits possibles. Les chambrées des casernes, les appartements, les commerces, tout explose d'hommes et de femmes qui s'amoncellent, qui dorment par terre, les uns sur les autres. Dans une petite maison, on met jusqu'à 120 déportés. Un bruit infernal, toujours un truc qui tombe, toujours un homme qui pleure. Toujours un pied qui dépasse. Toujours un mort qui dépasse.

*

Et malgré ça, malgré l'hécatombe quotidienne, le typhus, des dizaines de cadavres par jour, il est décidé en haut lieu que le Ghetto deviendrait un modèle, qu'on s'en servirait pour la propagande, pour rassurer le monde. Ordre est donné de réaliser un joli film. Et convaincant. Que le monde entier puisse y croire. Et on le tournera. Les juifs se prélassent au soleil, les juifs font de la gymnastique, les juifs font de beaux dessins, les juifs jouent aux échecs, les juifs jouent au foot, les juifs font du jardinage, les juifs écoutent de la belle musique, les juifs mangent de bonnes tartines. On y croirait presque. Sauf les visages. Derrière chaque masque, il y a un visage qui se noie.

L'idiot

En 1944, c'est le printemps, ordre de nettoyer le Ghetto. Des juifs tout d'abord. Ceux qui présentent mal, *Transport!* Et de tout rafistoler de fond en comble : repeindre les devantures de magasins, remplir les vitrines, construire un joli kiosque à musique sur la Markplatz. Que ce soit beau. Et vite fait. Parce qu'on attend quelqu'un. À qui on va jouer une belle pièce.

Le 23 juin 1944, un certain docteur Rossel, délégué du Comité international de la Croix-Rouge, est invité à visiter Theresienstadt afin de dissiper tous les malentendus concernant le sort des juifs.
Au début de la guerre, il n'était qu'un petit officier de l'armée suisse qui s'emmerdait aux frontières, « un métier horriblement abrutissant ». À bout d'ennui, l'ambitieux s'engage donc à la Croix-Rouge et demande sa mutation à Berlin, en 1942, « n'importe quoi plutôt que de rester à faire ce travail d'idiot ».

*

Rossel passe une bonne journée. Bon petit-déjeuner. Les officiers SS qui l'escortent durant sa promenade, d'une grande courtoisie. L'alcool n'est pas mauvais au repas, et il a même eu le droit de glisser une oreille pendant une répétition du *Requiem* de Verdi. Rien à signaler. Les juifs lui hurlent le *Requiem* de Verdi, et rien à signaler.
Du reste, les autres avec qui il s'entretient semblent heureux de vivre dans cette charmante ville de province.

C'était sans doute très bien joué mais un aveugle aurait vu, *Herr Doktor*. D'ailleurs, les aveugles voient. Pas ceux qui ferment les yeux.

*

Rentré à Berlin, il conclut son édifiante expertise par des mots qui en disent gros sur sa clairvoyance helvétiquement neutre : *Notre rapport ne changera le jugement de personne ; chacun étant libre de condamner l'attitude prise par le Reich pour résoudre le problème juif. Si pourtant ce rapport dissipe un peu le mystère entourant le Ghetto de Theresienstadt, c'est suffisant.*
Espèce d'idiot !

LEBENSMITTEL
L31
33
PARFUMERIE

L'affaire

Ils se sont fait prendre.
On a appelé ça *L'Affaire des peintres*, après la guerre. Parce qu'entre deux aquarelles pour servir le vulgaire leurre des nazis, les artistes utilisaient secrètement le matériel pour dessiner le vrai. L'étroitesse et la mort, le désespoir et la cruauté, la souffrance et qu'on meurt de faim, et les pendaisons et qu'on meurt de froid, et qu'on meurt d'attendre la mort.
Il fallait se planquer. Les autres montaient la garde. Il fallait faire vite, ne rien oublier, affoler l'encre dans la vibration de chaque détail.

Toutes ces œuvres, et tous les dessins de Fritta notamment, sont de purs chefs-d'œuvre d'urgence, d'intensité et d'étourdissement. Et regardez-les encore ceux de Fritta, la lettre V quelquefois collée dans le décor, le symbole de la résistance.

La vérité, c'est leurs yeux. C'est la morale de ces lignes qui lacèrent le blanc du papier, de ces lignes qui font trembler le noir des brouillards.

Ils se sont fait prendre.
Le 17 juillet 1944, Bedřich Fritta, Leo Haas, Ferdinand Bloch, Norbert Troller et Otto Ungar sont brutalement arrêtés. Plusieurs dessins, notamment trois croquis suspects, viennent d'être trouvés en possession d'un autre déporté, František Strass. Accusés de tenter de faire sortir des dessins du Ghetto, ils sont emprisonnés sur-le-champ avec leur famille, dans les cachots de la Petite Forteresse.
Le premier interrogatoire est mené par Karl Rahm, le *Lagerkommandant*. Avec lui, faisant l'honneur de sa présence, l'ordure en chef, Eichmann, le célébrissime banal « qui n'a fait qu'obéir aux ordres », et qui est tellement, tellement déçu devant ces représentations calomnieuses. Il y en avait une de Leo où l'on voyait un malheureux juif cherchant des pelures de pommes de terre au sol : *Comment en es-tu arrivé là, à produire un tel dessin qui déforme autant la réalité ? Crois-tu vraiment que dans le Ghetto on est affamés ? Les gens de la Croix-Rouge n'ont pas du tout été de cet avis.*

Tous torturés, le pauvre Bloch battu à mort dans les caves de la Gestapo, Ungar les doigts brisés, *l'enquête* établit que les peintres sont coupables de s'être livrés à de la propagande mensongère.

*

Pendant la visite de Rossel, les enfants qui croisaient le *Kommandant* devaient l'appeler « Oncle Rahm ».

Là-bas

Le 26 octobre 1944, Bedřich Fritta et ses camarades sont jetés dans un des convois qui partent continuellement vers l'est à cette période. Le voyage dure deux jours.
Assassiné de faim, de maladie, d'épuisement, de peine, de mort, Bedřich meurt à Auschwitz le 4 novembre. Il a 38 ans. Leo lui a donné sa parole de *Mensch*. S'il survit, il s'occupera de Tommy. Il a survécu

Les femmes

On ne peut pas tout écrire.
Ça va durer des mois là-dedans.
Johanna, la femme de Bedřich Fritta, ne sortira plus de la cellule dans laquelle elle est enfermée avec Tommy depuis cette histoire de dessins. Elle meurt enfiévrée de typhus le 13 février 1945. Tommy est là. Il a quatre ans, à peine.
On ne peut pas tout savoir.
Erna, la femme de Leo Haas, est dans la cellule d'à côté. On lui donne le petit. C'est elle qui le prend, c'est elle qui l'accepte. Erna était la deuxième épouse de Leo. Elle est montée avec lui dans le convoi pour Theresienstadt, en septembre 1942. Elle l'a suivi, elle n'était pas obligée. Elle a voulu le faire.
Et à la Petite Forteresse, les médecins ont fait des choses sur elle.
On ne peut pas tout décrire.
Erna est brisée. Mais c'est Erna qui a sauvé Tommy. Mais Erna est brisée. Après la guerre, elle se réveillait toutes les nuits pour attendre l'heure de l'appel. Erna est brisée. On ne peut pas tout dire.
Elle est morte en 1955.

Mensch !

Leo Haas est revenu de là-bas. Le 9 mai, il est déjà à Prague, trois jours après la libération du camp d'Ebensee par les troupes américaines, où après Auschwitz, Sachsenhausen et Mauthausen, le délire incohérent de l'agonie hitlérienne l'avait condamné une dernière fois.

Erna est vivante. Tommy est vivant.

Leo est aujourd'hui le seul à savoir où sont cachés tous les dessins.
L'Armée rouge avait libéré Theresienstadt, et l'autorise, au mois de juin, à pénétrer dans la Magdeburger Kaserne. C'est ici, dans le grenier, qu'il avait emmuré plus de quatre cents dessins. Et rien n'a bougé, ils n'ont rien trouvé, tout est là, même ceux qu'il avait cachés dans le lit la veille de son arrestation.
Otto Ungar, lui, avait dissimulé ses peintures dans la Hannover Kaserne, le bâtiment voisin. Elles y sont toutes.

Fritta avait confessé à Leo le lieu de sa planque. Il avait tout mis dans une caisse métallique enterrée dans la cour d'une ferme. Quand Leo creuse la terre et découvre l'infini trésor de son ami, ce sont des centaines de dessins, de peintures, de croquis, qui sont sauvés, qui vont pouvoir enfin parler, gueuler enfin la vérité.
Tout au fond, il y a un petit livre de croquis format paysage, recouvert d'une toile de jute découpée dans un sac de pommes de terre. Le livre de Tommy.

Erna et Leo adoptent officiellement Tommy. C'est trois cassés qui s'aiment.

Tommy

Tommy était une petite célébrité à Theresienstadt. Un petit bonhomme plein de soleil que tout le monde aimait bien. Sa mère l'asseyait à la fenêtre de leur cellule à la Petite Forteresse. Pour lui donner un peu de jour. Ses petits pieds pendaient à travers les

barreaux. Il avait des tatas partout. Elles lui fabriquaient des poupées en chiffon qu'elles essayaient de lui lancer.
Quand sa mère est morte, il l'a piétinée en hurlant.

La mémoire, c'est le présent qui se grave, c'est le présent aggravé.

Une dame l'a enregistré juste après la guerre. Sur la bande, on l'entend, on entend sa voix de là-bas, sa voix d'enfant, ses petits mots qui dansent. Qui racontent que c'était tout noir en prison. Qui racontent l'histoire du méchant gardien. Il l'a fait sortir juste pour le pousser par terre, et il a jeté son gros chien sur lui. Juste parce que ça le faisait rire de lui faire peur.
— *Tommy, qu'est-ce que tu ferais si tu rentrais à Prague et que tu croisais le gardien, là-bas ?*
— *Je le mettrais tout de suite en prison !*
— *Tu voudrais le voir ?*
— *Non, non !*

*

Il avait peur des clés, il était terrorisé. Le bruit des clés, le bruit du gros trousseau du gardien, le cliquetis des grosses clés dans la serrure. Ça a duré très longtemps, les clés.
Les chiens aussi. Surtout les bergers allemands comme celui du gardien. Après la guerre, il avait peur de tous les chiens. Parce que même les petits chiens mignons, qui adorent les enfants, qui remuent la queue à toute allure, c'est des chiens, c'est quand même des chiens.

Il avait un rêve. Il rêvait de la prison. De la Gestapo. Parce qu'Erna lui avait raconté qu'un SS, le plus taré de tous, était venu lui faire un câlin après une exécution. Il paraît qu'il avait encore du sang sur les mains. Mais ça, c'est pas sûr. Mais son rêve, c'était sûr.

*

Ils ont libéré le camp. Le camion de la Croix-Rouge, Tommy dit, *Je vois ça comme si c'était aujourd'hui !*

C'est à peine après la guerre, il a 4 ou 5 ans, il se promène avec Leo. Il y a un glacier et Tommy n'avait jamais vu de glace de sa vie. Leo a expliqué au monsieur qu'ils revenaient de Terezín, et le monsieur a dit *Oh! Pauvre petit garçon!* et il lui a donné une grosse glace. Et après, à chaque promenade, à chaque glacier, Tommy tentait le coup, *J'étais à Terezín, je peux avoir une glace?*
Il vomissait tout le temps après la guerre. Erna lui donnait beaucoup trop à manger. Il vomissait dans son assiette.

*

Quand est-ce que ça s'arrête de recommencer?
Il avait dix ans. Il y avait deux méchants dans sa classe, Zaoral et Kalous, ils le forçaient à se prosterner devant eux parce que *T'es un Juif!*
Madame Lexova, la maîtresse, s'en fichait complètement.
L'école a écrit à Leo. Ils se demandent si Tommy est « stupide » ou si c'est un « clown ».

Tommy, plus rien ne peut le surprendre, mais il a juste peur d'une chose, il a peur du Mal. Juste ça. Des hommes mauvais.

*

Quand il parle d'Erna, il dit « Ma mère ». Quand il parle de Leo, il dit « Mon père ».

Staline est mort. Le lendemain, en classe, il a dit, *Mon père est mort hier!* Et tous ses copains ont vraiment cru que son vrai père était vraiment mort hier. Personne n'a rien compris.

*

À Prague, Leo Haas est entré au Parti dès son retour des camps. Son talent rare, son trait subtil et précis d'intransigeance l'imposent rapidement dans les magazines satiriques pro-soviétiques. À la mort d'Erna, trop définitivement abîmée, il s'installe à Berlin-Est pour y poursuivre sa carrière et où il rencontre sa nouvelle femme. Tommy a 14 ans, elle n'en veut pas et renvoie l'adolescent en Tchécoslovaquie, dans un pensionnat. Plus prolifique que jamais, Leo s'impose en Allemagne où ses dessins paraissent quotidiennement. Extravagant succès d'un juif chez les communistes.

Tommy a 16 ou 17 ans. Ses yeux lisent depuis toujours à travers les murs.
En pleine psychose de la guerre froide, un professeur l'interroge :
— *Que feriez-vous dans le cas d'une attaque nucléaire de l'ennemi capitaliste ?*
— *Je me cacherais sous la Pravda, à genoux, comme dans une tente, et je mettrais ma tête vers Moscou.*
Viré !

*

À l'orphelinat ça n'avait pas marché, à l'école ça n'a jamais vraiment marché, au pensionnat ça ne marchait pas non plus. Pourquoi tout s'affole tout le temps ? Et comment savoir si c'est lui tout ça, tout ce qui lui arrive, si c'est son caractère, si c'est sa nature réelle, ou si c'est le Ghetto, si c'est à cause du Ghetto ? Comment savoir si tu es ce que tu es parce que c'est *qui tu es*, ou alors ce que tu es c'est *tout à cause de là-bas ?*

Il se sentait seul. Parce que, à qui parler ? *Parmi nous, les juifs, personne n'est spécial parce que tout le monde a quelque chose à raconter.* Un destin.

*

Tommy a rencontré sa femme à Prague en 1964. Son grand amour. Vera travaillait au Musée juif. Ils ont eu quatre enfants.
Et ses enfants sont encore touchés, ils sont atteints, à travers lui, il le sait, la flèche a traversé la cible.

Il y a un roman chez cet homme. Il a toujours avancé.
Il aurait dû être mineur, il a tenté d'être libraire, il s'est retrouvé à l'usine. Il visait l'horizon en quittant Prague pour Israël en septembre 1968, quand les chars soviétiques sont venus écraser le Printemps.
Ça a duré cinq ans. Malgré ses rapports, au début controversés, avec l'hébreu, le soleil et le désert, c'est sans doute la plus belle période de sa vie. Frôlé une fois de plus par l'Histoire, Tommy se rend aux États-Unis juste avant la guerre du Kippour pour gagner un procès contre un éditeur. À son retour, grâce au dédommagement perçu, toute la famille retourne en Europe, à Mannheim, où il travaille dans une bibliothèque. Il adorait faire des lectures pour les petits.

*

Son père meurt à Berlin-Est le 13 août 1983. Il a 82 ans.
Jusqu'à la fin de ma vie, je me sentirai obligé de dénoncer les meurtriers fascistes. Eux et les hommes qui les entourent. Au nom de toutes les victimes, en mon nom propre, mais surtout au nom de mes amis qui ne sont pas revenus, les peintres de Theresienstadt.

Tommy est toujours à deux doigts de pleurer.
Et j'attends toujours le jour où je pourrai pleurer de toute mon âme.
Il a aussi un rire qui vous embarque.

La vérité

La vérité, c'est que je ne suis plus vraiment chez moi nulle part. J'ai entendu ça cent fois. Je crois que je ne suis chez moi que dans le judaïsme, je crois que c'est la seule identité que je possède. Pourtant, je ne suis pas un juif très pratiquant. Il y a des moments où je mange casher, d'autres non. Parfois je vais à la synagogue, parfois non. Cependant je pense que c'est ma seule identité. Je ne suis qu'un juif.

Le silence

Leo a offert le livre à Tommy pour ses dix-huit ans.
Ce livre est un miracle. Le miracle d'un père dans le miracle d'un livre. Le miracle de tant d'amour dans tant d'urgence.
Ce livre appartient au silence.

Les chiffres

J'écorcherai leurs noms, aux assassins. Itlère, Imlèr, Geubellsse, Heichmanne, Goringue, Mangele, Heydrique. Et c'est déjà trop de les presqu'entendre. Et plein d'autres encore que je n'écrirai jamais parce qu'ils ne méritent même pas d'être oubliés.

*

Le 20 janvier au matin, 1942, dans une prétentieuse villa en bordure du lac de Wannsee, à l'ouest de Berlin, se retrouve la petite clique infâme des pontes du Troisième Reich. Sous la présidence d'Haïdryk, ils arrangent ensemble la Solution finale de la question juive.
Si l'on en croit les notes rédigées par Eichemaneux, quelques verres de cognac et 85 minutes suffirent à décider du sort de 11 millions d'hommes. 85 minutes. Soit 0,0004636363636363636 seconde par être humain.

139 654 juifs furent déportés à Theresienstadt. 33 430 y moururent. 86 934 furent déportés vers l'est. Parmi eux, plus de 83 500 furent assassinés. À peu près.

*

Les chiffres ensevelissent les hommes.

Tommy

Il est mort le six mars deux mille quinze.
Il y a eu Bedřich et Johanna Fritta, il y a eu Tommy, il y a eu Erna et Leo Haas. Tommy s'appelait Tomáš Fritta-Haas. Aujourd'hui, ses enfants s'appellent Haas.
Fritta Fritta-Haas Haas, fondu enchaîné.

Tommy, son meilleur ami après la guerre, « son grand frère », c'est Hanuš. Lui n'a pas connu le Ghetto. Sa mère, Ilse Weber, l'a sauvé en parvenant à l'envoyer en Suède. Elle a été déportée à Theresienstadt avec son autre fils, le petit frère d'Hanuš, et son mari. Elle était infirmière là-bas, au quartier des enfants. Pour eux, elle a composé, elle nous a légué, huit petites chansons. Des berceuses, baumes qu'elle murmurait aux petits malades. Elle a été assassinée à Auschwitz, gazée, avec son autre fils, le petit frère d'Hanuš, qui s'appelait Tommy.

*

Les dernières images que je connais de lui sont tournées au Musée juif de Berlin, en mai 2013. C'est pour le journal télévisé, il y a une rétrospective Fritta, ils l'ont un peu filmé. Tommy est en fauteuil roulant. Il y a ses mains timides et maigres, ses yeux, son regard, et dans tout ça, comme un petit garçon replié. C'est vrai.

Les noms

Vous ne pouvez pas fermer ce livre sans connaître le nom des enfants de Tommy. Qu'ils soient remerciés du fond du cœur, de tout en haut. David, inestimable homme-mémoire, son infinie disponibilité, son amitié. Et Dani, et Ronny, et Michal, leur pleine confiance.

Et Marielle Rubens. Cette édition et mes pages existent parce qu'elle est là. Sa vie à mes côtés, son œil absolu, son art d'entendre et traduire. Toujours, ici, ailleurs.

*

Enfin mon père, Chalom Dan Azoulay, qui m'a laissé une phrase au dos du silence. Je la trouve à peine. *C'est un art, d'hériter*.

Hélios Azoulay

Au second plan, Bedřich Fritta. En 1942. Son visage une dernière fois,
dans ce qu'il reste d'un film de propagande aujourd'hui disparu.

Tomáš Fritta-Haas, dans les années 1980.

Illustrations de Bedřich Fritta

Le livre de Tommy
52 dessins, plume, pinceau, encre et aquarelle sur papier, 21 x 29,7 cm.

Autres illustrations
P. 123 : *L'arrivée d'un convoi*, 1942-1944. Plume, pinceau et encre de Chine sur papier, 28,5 x 38,2 cm.
P. 124 : *La vie à Theresienstadt*, 1943-1944. Plume, pinceau et lavis d'encre de Chine sur papier, 55 x 84 cm.
P. 125 : *Dortoir dans une ancienne boutique*, 1942-1944. Plume, pinceau et lavis d'encre de Chine sur papier, 47,4 x 70,3 cm.
P. 126 : *La vie dans un grenier*, 1943-1944. Plume, pinceau et lavis d'encre de Chine sur papier, 55 x 84 cm.
P. 127 : *Vue de Theresienstadt*, 1943-1944. Plume, pinceau et encre de Chine sur papier, 59,3 x 44 cm.
P. 135 : *Façades pour la Commission internationale*, 1943-1944. Plume, pinceau et encre de Chine sur papier, 57 x 84,5 cm.
p. 139 : *Fantaisie (L'inondation)*, 1943-1944. Plume et encre de Chine sur papier, 38,6 x 54,8 cm
P. 154 : *Les poussettes*, 1943-1944. Plume, pinceau, lavis d'encre de Chine et gouache sur papier, 24,7 x 30,6 cm.

TABLE

Achevé d'imprimer par Estella Graficas,
en février 2023,
Dépôt légal : janvier 2023

Imprimé en Espagne